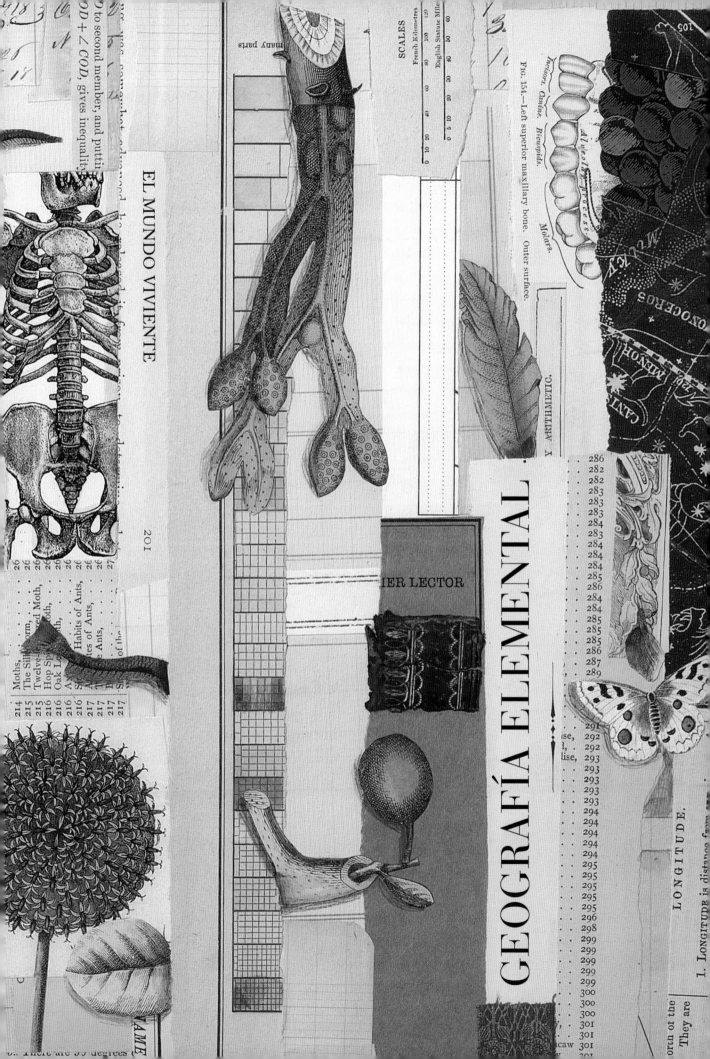

LA PALABRA EXACTA

loqueleo

"El hombre no es absolutamente malvado; tiene un tesauro en su camarote."

J. M. Barrie, autor de *Peter Pan*, al describir al personaje del capitán Garfio

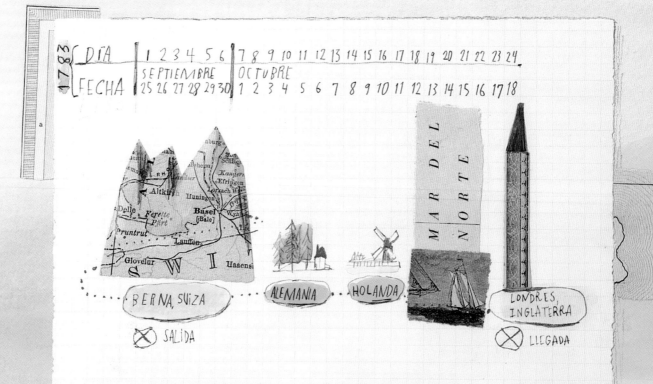

1783	DÍA	1 2 3 4 5 6	7 8 9 10 11 12 13 14 15 16 17 18 19 20 21 22 23 24
	FECHA	SEPTIEMBRE 25 26 27 28 29 30	OCTUBRE 1 2 3 4 5 6 7 8 9 10 11 12 13 14 15 16 17 18

BERNA, SUIZA ⊗ SALIDA

ALEMANIA · HOLANDA

MAR DEL NORTE

LONDRES, INGLATERRA ⊗ LLEGADA

Peter

se acurrucó
profundamente
en el regazo
de su tío
mientras
el carruaje
traqueteaba
por los valles
de Suiza.
La bebita
Anette
dormía
en brazos
de su mamá
como una flor
rosada contra
un muro
negro.

Peter sabía que papá no iba a volver.
El vestido negro de mamá y la tristeza
de su tío lo confirmaban.

Años después,
cuando Peter comenzó sus listas,
la muerte de papá fue lo primero.

La familia de Peter se mudaba seguido, así que era difícil hacer amigos.

Pero Peter descubrió que también los libros eran buenos amigos.

Siempre había bastantes a su alrededor, y nunca tenía que abandonarlos.

Cuando cumplió ochos años de edad comenzó a escribir su propio libro.

Escribió en la portada: *Peter, Mark, Roget. Su libro.*

Pero en vez de escribir historias, hacía listas.

Al principio, hizo listas de las palabras en latín
que le enseñaba su tutor.
Junto a éstas escribió sus significados.

Las listas le ayudaban a recordar sus lecciones. También le dieron algo en qué entretenerse cuando mamá lo bombardeaba con preguntas:

Cada año, Peter añadía nuevas listas a su libro. Algunas de sus favoritas eran *Los cuatro elementos*, *Del clima* y *En el jardín*.
Su mamá se quejaba de que Peter siempre estaba garabateando.

Pero
las
listas de
palabras
de Peter
no eran
sólo
garabatos.
Peter
aprendió
que las
palabras
tenían poder.
Y cuando
las ponía
en largas
hileras
pulcras,
sentía
como si
el mundo
mismo
se volviera
ordenado.

De adolescente Peter era alto, delgado y muy tímido.
Se pasaba horas leyendo libros científicos. Le gustaba
especialmente uno que había escrito Linnaeus, un señor
que elaboró listas precisamente como las que Peter
hacía. Linnaeus acomodó los nombres de animales
y plantas en categorías, gracias a las cuales fue mucho
más sencillo estudiar la naturaleza.

PETIRROJO
EUROPEO

SYSTEMA
NATURÆ
CAROLI LINNÆI

REINO

DIVISIÓN

CLASE

ORDEN

FAMILIA

GÉNERO

ESPECIE

ANIMALIA

CHORDATA

AVES

PASSERIFORMES

MUSCICARDAE

ERITHACUS

E. rubecula

PLANTA

FAUNA, FLORA, HIERBA

HOJA, TALLO

TWIG

PÚA, ZARZA
ESPINA, CARDO
VARA, BOTÓN, FRUTO
PASTO, ARBOLEDA

MATORRAL

BOSQUE, BOSCOSO
SETO
ARBUSTO
ÁRBOL,

CANCIÓN

ARIA
TRINO
GORJEO
PIAR
ENTONAR
CANTAR
TRONCO RAÍZ ECHAR RAÍCES

Al igual que Linnaeus había recorrido su jardín en Suecia, Peter recorrió los parques de Londres haciendo listas de todas las plantas e insectos. Prefería andar solo...

... pero mamá no estaba de acuerdo:

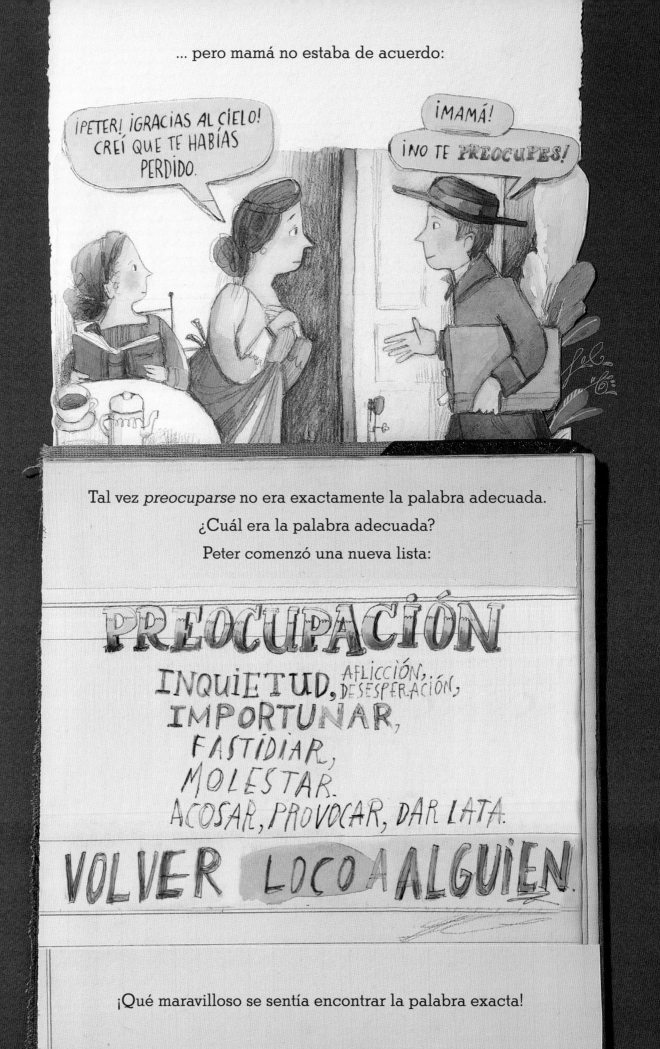

Tal vez *preocuparse* no era exactamente la palabra adecuada.

¿Cuál era la palabra adecuada?

Peter comenzó una nueva lista:

¡Qué maravilloso se sentía encontrar la palabra exacta!

"Si todas las ideas del mundo se hallaran en un solo lugar, entonces todos tendrían un libro donde podrían encontrar la mejor palabra, aquella que realmente resultara apropiada."

Peter llevó consigo esta idea como si fuera un tesoro secreto.

En 1793 la familia Roget se mudó a Edimburgo, Escocia, y Peter entró a la escuela de medicina. Durante los siguientes cinco años, Peter estudió muy duro. Tenía sólo diecinueve años cuando se graduó. Su tío le advirtió que era demasiado joven para ser doctor.

¿Qué podría hacer mientras tanto?
Podía enseñar matemáticas, ciencia y francés. Podía ser maestro.

Entonces conoció a un señor adinerado que tenía dos hijos adolescentes...

En París, a Peter y a los muchachos jamás les faltaban cosas que hacer o sitios que visitar.

Incluso vieron a Napoleón cruzar la ciudad al frente de sus tropas.

Los soldados marchaban en fila india,
en hileras largas y ordenadas, igual
que las listas del cuaderno de Peter.

654. SALUD.
SANAR
CURAR
BUENO, ROBUSTO
VIGOROSO
FUERTE COMO
UN ROBLE.

655. ENFERMEDAD.
DOLENCIA.
AFECCIÓN.
PLAGA.
ESTAR MALO
ESTAR HECHO
UN TRAPO.

Finalmente Peter tuvo edad suficiente para ser doctor.
Su primer trabajo fue en Mánchester, Inglaterra. Las personas
que trabajaban en las fábricas eran pobres y se enfermaban
a menudo. Peter hacía lo mejor que podía por mantenerlos sanos.
Por las noches, trabajaba en sus listas.

En 1805 Peter concluyó su primer gran libro de listas de palabras. Tenía cerca de cien páginas, mil ideas ¡y listaba más de quince mil palabras! Lo tenía siempre en su escritorio para poder encontrar la palabra exacta siempre que lo necesitara.

COLECCIÓN DE PALABRAS CLASIFICADAS Y ORDENADAS

58. ORDEN

ACOMODAR, SISTEMA, PULCRO, DESENMARAÑADO LIMPIO COMO UN ESPEJO.

59. DESORDEN

EMBROLLO, LÍO, CAOS, REVOLTIJO, PATAS ARRIBA.

REAL SOCIEDAD

Cuando Peter regresó a Londres, se incorporó a las asociaciones de científicos y asistió a conferencias que ofrecían famosos pensadores e inventores. Al poco tiempo le pidieron que él también diera conferencias. Pero ¿podría hacerlo? ¿El tímido Peter Roget podría pararse al frente de una sala repleta de gente y hablar de lo que sabía?

Sí, sí pudo.

Con su libro en la mano, ¡Peter habló de manera concisa, con claridad y convicción!

...EN la VASTA ESCALA DEL UNIVERSO, EL GLOBO QUE HABITAMOS PARECE APENAS UN ÁTOMO...

Cuando tenía cuarenta y cinco años de edad,
Peter se casó con Mary Hobson.
Ella era alegre, lista y bonita. Hacía reír a Peter.
Tuvieron una hija, Kate, y un hijo, John.

AMOUR, CORTEJAR, EMBELESADO, AMOR,

SOLTERO, NOVIO.

DONCELLA, NOVIA

MATRIMONIO

MARIDO ESPOSA

HONOR } RESPETO VENERAR

FAMILIA

MADRE } PARENTESCO
PADRE } HIJOS PROGENIE

FAMILIARES
LA MISMA SANGRE

Sr. y Sra. Peter Roget
1824

Kate
1825

John
1828

HERMANOS

HIJA, HIJO, NIÑO.

SEMILLA, RETOÑO, BROTE, LA NIÑA DE LOS OJOS DE ALGUIEN

Peter siguió siendo tímido, pero ahora tenía muchos amigos.
Conforme se iba haciendo mayor, Peter pasaba menos tiempo
visitando pacientes. Siempre sería "el doctor Roget", pero
ahora jugaba ajedrez, daba paseos y leía libros. Y, por supuesto,
trabajaba en sus listas.

Para ese entonces, algunos otros escritores habían publicado libros con sus propias listas de palabras, los cuales ayudaban a la gente a hablar y a escribir con más formalidad. Peter los leyó todos.

Kate y John también los leyeron. Les pareció que el libro de su papá era mucho mejor.

Peter estuvo de acuerdo.

Durante los siguientes tres años trabajó en el libro de las listas de palabras que había escrito cuando era un joven doctor. Lo hizo más amplio, más organizado y más fácil de usar.

Mucho tiempo atrás, Peter había descubierto el poder de las palabras.
Ahora pensaba que todo el mundo debería de tener ese poder.
Todo el mundo debería de tener la posibilidad de encontrar
la palabra correcta cada vez que lo necesitara.

LUZ

421 OSCURIDAD

NOCHE | SOMBRÍO
CREPÚSCULO

BOCA de LOBO

PENUMBRA.

FUENTE DE LUZ → { 423. DESTELLO BRILLO REFLEJO, FULGOR

LUMINARIA
SOL
OR BE
ESTRELLA

422.

DESTELLO
OPACIDAD
NEBLINOSO BRUMOSO
NUBLADO.
UNA SOMBRA 431.

VISIÓN

441

428 COLOR.
GRIS.
ENROJECIDO
NARANJA
AMARILLENTO
VERDOSO
AZULADO
MORADO
CAFÉ

424. SOMBRÍO

NEGRURA
NEGRO COMO EL CARBÓN

430. BLANCURA
BLANCO COMO
LA NIEVE.

GRIS, MANCHADO, PUNTEADO

En 1852, Roget publicó su *Tesauro*, palabra de origen griego que quiere decir "tesoro". La gente lo arrebataba de los anaqueles como si fuera un nuevo tipo de golosina. Los primeros mil ejemplares se agotaron rápidamente.

¡ESTE LIBRO ES UNA MARAVILLA, UN PRODIGIO, UNA SORPRESA!

De pronto,
Peter se volvió
un autor popular.
Pero eso no lo cambió
en absoluto; al contrario,
regresó en seguida
a su escritorio
e hizo listas
nuevas...

... para que hoy,
cada vez
que lo necesites,
siempre puedas
encontrar

LA PALABRA EXACTA.

ORBE

PLANETA, MORADA, HOGAR

HÁBITAT, PUERTO

A partir de la inmensidad del Universo, el globo que habitamos
aparece como un átomo; y, sin embargo, dentro de los límites
de este átomo, qué variedad tan inagotable de objetos está
contenida; qué diversidad tan infinita de fenómenos es
presentada; ¡qué maravillosos cambios ocurren en una rápida
y perpetua consecución!
— *P. M. Roget*

313. EVOLUCIÓN.

FORMACIÓN DE LAS CONCHAS

CIENCIA

LA CHISPA VITAL QUE PROVOCA LA FLAMA

Los principales acontecimientos en la vida de Peter Mark Roget aparecen en negro.
Los sucesos mundiales están en rojo.

1779	El 18 de enero nace en Londres, Inglaterra, Peter Mark Roget, hijo de Catherine y Jean Roget.
1779	Al padre de Peter le diagnostican tuberculosis. En busca de una cura, sus padres viajan a Ginebra; Peter se reúne con ellos allá dos años después.
1783	Concluye la Guerra de Independencia de los Estados Unidos.
1783	Nace su hermana Annette.
1783	Su padre, Jean Roget, muere de tuberculosis.
1787	Comienza su primer cuaderno: *Peter, Mark, Roget. His Book* (Peter, Mark, Roget. Su libro).
1793	A los catorce años, Peter ingresa en la escuela de medicina de la Universidad de Edimburgo.
1794	Hester Lynch Piozzi publica *British Synonymy: Or an Attempt at Regulating the Choice of Words in Familiar Conversation* (Sinonimia británica: o un intento de regular el uso de las palabras en conversaciones familiares). Este libro fue uno de varios precursores del *Tesauro de Roget*, el cual se centra en el habla correcta y la etiqueta social.
1798	Se gradúa de la escuela de medicina.
1798	Edward Jenner descubre la vacuna contra la viruela.
1799	Se ofrece como voluntario en experimentos con óxido nitroso, el "gas hilarante", realizados por sus inventores, Thomas Beddoes y Humphry Davy.
1799	Trabaja con el inventor Jeremy Bentham en el desarrollo de un *frigidarium*, lo que más tarde se conocería como refrigerador.
1799	Se descubre la Piedra Rosetta en Egipto.
1802	Funge como tutor de Burton y Nathaniel Philips mientras viajan por Francia y Suiza. Cuando comienzan las guerras napoleónicas entre Francia e Inglaterra en 1803, los tres huyen por Alemania.
1804	Comienza su primer trabajo como médico en un dispensario público de Mánchester, Inglaterra.
1805	Termina el primer borrador de su libro de palabras: *Collections of English Synonyms Classified and Arranged* (Colección de sinónimos ingleses clasificados y ordenados).
1807	Noah Webster comienza a compilar un diccionario integral y lo publica en 1828.
1808	Se muda a Londres. Abre su consulta médica privada, pero también ofrece su servicio de forma gratuita en las zonas más pobres de la ciudad.
1810	Comienza a establecer su consulta médica. Durante los siguientes cinco años también imparte numerosas conferencias en escuelas e instituciones sobre una amplia variedad de temas, incluyendo química, magnetismo, óptica, anatomía y filosofía natural.
1811	Mary Anning, una niña de doce años, descubre los restos fósiles de un ictiosaurio en Dorset, Inglaterra.
1814	Desarrolla una nueva regla de cálculo. Hasta la invención de la calculadora, la regla de cálculo era la mejor manera de resolver problemas complejos de división y multiplicación.
1815	Lo eligen miembro de la Real Sociedad, la organización científica más importante de Inglaterra.
1815	Napoleón Bonaparte pierde la Batalla de Waterloo y es exiliado a la isla británica de Santa Helena.

1816	René Laënnec inventa el estetoscopio.
1817	David Brewster, amigo de Roget, patenta el caleidoscopio.
	Poco después, Roget escribe la entrada de este artefacto en la *Encyclopaedia Britannica* (Enciclopedia Británica).
1818	Mary Shelley publica *Frankenstein*.
1818	Muere su tío, Samuel Romilly.
1820	Descubrimiento de la Antártica.
1824	Se casa con Mary Taylor Hobson.
1824	Luego de observar cómo los rayos de la rueda de un carruaje en movimiento parecen doblarse si se miran a través de persianas verticales, Peter escribe un artículo científico sobre esta ilusión óptica. Este escrito es ampliamente reconocido como uno de los principios fundamentales de la cinematografía moderna o cine.
1825	Nace su hija Catherine ("Kate").
1827	Lo eligen secretario de la Real Sociedad. También es miembro de la Sociedad Zoológica de Londres, la Real Sociedad Entomológica, la Asociación para el Avance de la Ciencia, la Real Sociedad Geográfica, la Real Sociedad Astronómica y la Sociedad para la Difusión del Conocimiento Útil.
1827	John James Audubon publica el primer tomo de *The Birds of America* (Las aves de América).
1828	Nace su hijo John Lewis.
1833	William Whewell acuña el término "científico".
1833	Su esposa, Mary, muere luego de padecer una dolorosa enfermedad durante varios años, probablemente cáncer.
1833	Es abolida la esclavitud en el Reino Unido.
1834	Publica *Animal and Vegetable Physiology Considered with Reference to Natural Theology* (Fisiología animal y vegetal, tomando en cuenta la teología natural), publicado dentro de la serie de los *Tratados de Bridgewater*. Este libro se basa en su pasión de toda la vida por listar y clasificar plantas y animales, y lo sitúa como uno de los grandes pensadores de su tiempo.
1835	Muere su madre, Catherine.
1837	La princesa Victoria es coronada reina de Inglaterra.
1845	Inventa el primer juego de ajedrez de bolsillo.
1852	La primera edición de su ya famoso *Tesauro* se publica en Inglaterra. Su título completo es *Thesaurus of English Words and Phrases, Classified and Arranged so as to Facilitate the Expression of Ideas and Assist in Literary Composition* (Tesoro de palabras y frases clasificadas y organizadas a fin de facilitar la expresión de ideas y asistir en la composición literaria). La primera edición, cuyo tiraje fue de mil ejemplares, se agotó rápidamente. A lo largo de su vida, Roget llegaría a ver veintiocho reimpresiones.
1859	Charles Darwin publica *El origen de las especies*.
1861	Comienza la Guerra Civil estadounidense.
1869	Peter Mark Roget muere el 12 de septiembre en West Malvern, Inglaterra. Su hijo, John Lewis Roget, se encarga de editar el *Tesauro* hasta que es sustituido por Samuel, el nieto de Peter, en 1908. El *Tesauro de Roget* se ha seguido reimprimiendo continuamente hasta la fecha.

NOTA de la AUTORA

590. ESCRIBIR
GARABATEAR,
TRAZAR,
RAYAR.
AUTOR
COMPONER } SOLTAR LA MANO.

El uso del lenguaje no se limita a ser el medio por el cual nos comunicamos ideas unos a otros... (incluso funciona) como un instrumento de pensamiento; no sólo siendo su vehículo, sino dándole alas para volar.

Peter Mark Roget

Una vez, durante un largo viaje en coche por Pensilvania, descubrí que había empacado una de las primeras ediciones del *Tesauro de Roget* al confundirlo con la novela que había planeado leer. Resignada, revisé con cuidado las entradas meticulosamente ordenadas, las cuales no estaban organizadas alfabéticamente (como las versiones más sintetizadas y modernas que había usado), sino por conceptos e ideas. De alguna manera, el autor había catalogado casi todas las palabras del idioma inglés por su significado. "¿Quién habrá sido ese tal Roget?", me pregunté. "¿Y qué lo impulsó a abordar esa tarea inmensamente difícil?". Tales preguntas fueron las catalizadoras de esta biografía.

Cuando comencé a meterme en los detalles históricos de la vida de Roget, descubrí que contenían más drama y contradicciones que cualquier otra cosa que pudiera haber escrito como ficción. Su infancia errante y a menudo solitaria, su intelecto precoz y sus hábitos nerviosos, su amistad con inventores, sus viajes, su carrera médica: todo se conjuntaba en una vida vasta y fascinante que yo quería compartir con la gente joven.

A partir de los ocho años, Roget llenaba libretas con listas de cosas que juzgaba importantes o interesantes. Para cuando cumplió veintiséis años de edad había completado el primer borrador de su famoso *Tesauro*, que se ha seguido reimprimiendo

continuamente desde 1852. Difícilmente hay en todo el planeta un niño o un adulto de habla inglesa alfabetizados que no hayan usado el *Tesauro de Roget* o alguna versión de éste en su propia lengua: el alumno de secundaria necesita un sinónimo de "lindo", el político quiere un término más moderado que "golpe de Estado", el adolescente que escanea la pantalla consulta listas digitales de palabras para hallar una alternativa para la palabra "romper". Éstas y millones de transacciones similares se llevan a cabo a diario, y cada una le debe un gesto de gratitud a un abnegado doctor redactor de listas.

Estoy extremadamente agradecida con aquellos que compartieron conmigo su tiempo, experiencia y documentos originales: David Karpeles, fundador y director general de Karpeles Manuscript Library Museum; el doctor David Evans, profesor de psicología y neurociencia de la Universidad Bucknell; Karen Drickamer, consultora del archivo de Colecciones Especiales de la Biblioteca Musselman de Gettysburg College; Diane Gies y Carol Welch, bibliotecarias de referencias en la Biblioteca del condado de Chester; y también con Alyssa E. Henkin, agente literaria de Trident Media Group; Kathleen Merz, editora; Gayle Brown, directora de arte, y Anita Eerdmans, editora en EBYR, así como a la siempre asombrosa Melissa Sweet.

Jen Bryant

554. REPRESENTACIÓN

ARTE
DISEÑO
ILUSTRACIÓN
UNA IMAGEN

NOTA de la ILUSTRADORA

Si sólo hubiera una palabra del *Tesauro de Roget* para describir la creación de este libro, sería *trueno*, encontrada entre: 872. Prodigio, fenómeno, asombro, maravilla, milagro, espectáculo, señal, portento, trueno. El trueno proverbial sonó al comienzo de mi investigación, cuando sostuve en mis manos el libro original de palabras de Roget de 1805. En cada página Roget había trazado una línea vertical roja que separaba una entrada numerada de su opuesta. Había miles de palabras cuidadosamente escritas a mano y sin tachadura alguna. Era un comienzo sospechoso.

En las ilustraciones de *La palabra exacta*, las listas en latín pertenecen a los cuadernos de Roget. Las otras listas contienen sólo palabras halladas en la primera edición del *Tesauro de Roget*, la de 1852. Roget explicó que las palabras de su *Tesauro* estaban organizadas "no en orden alfabético, como se encuentran en un diccionario, sino de acuerdo con las ideas que expresan". Con el tiempo, el *Tesauro* pasó de clasificado a alfabetizado, pero sería difícil emular cuán poéticas son estas entradas en las que una idea conduce a la siguiente. (Como nota al margen, Roget agregó un índice para facilitar la consulta. Al fin y al cabo, este libro estaba dirigido a todo el mundo, no sólo a científicos y eruditos).

La idea de clasificación e ilustración científica se coló en mis *collages* junto con imágenes del volumen de Roget de los *Tratados de Bridgewater*: botánicas antiguas, periódicos de época, portadas de libros, cajas de tipos móviles, acuarelas y técnicas mixtas.

Las guardas del final listan mil palabras de Roget con un "Orden de clasificación" abreviado. Su listado original tenía 1003 palabras, pero Roget, rigorista de la simetría, creó las subcategorías 450a, Ausencia de Intelecto; 465a, Indiscriminación, y 768a, Dispensar, lo que le dio una pulcra lista de mil "ideas".

Mi mayor agradecimiento al doctor David Karpeles por compartir generosamente su colección de recuerdos de Roget; al escritor Joshua Kendall por hablarme largamente de Roget, y a la extraordinaria encuadernadora Athena Moore por sus piezas de cuero rojo, que utilicé en los *collages*. Por la oportunidad de trabajar con Anita Eerdmans, Gayle Brown, Kathleen Merz y Jen Bryant para dar vida a la historia de Roget, elijo 734. Prosperidad, buena fortuna, tiempos idílicos, suertudo.

En efecto: suertuda es la palabra exacta.

Melissa Sweet

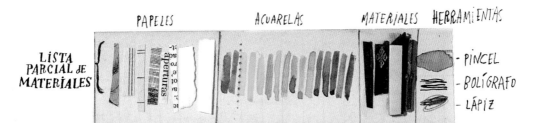

LISTA PARCIAL DE MATERIALES

PAPELES — ACUARELAS — MATERIALES — HERRAMIENTAS

- PINCEL
- BOLÍGRAFO
- LÁPIZ

BIBLIOGRAFÍA SELECCIONADA

Emblen, D. L. Peter Mark Roget: *The Word and the Man* (Peter Mark Roget: La palabra y el hombre). Longman, Londres, 1970.

Kendall, Joshua. *The Man Who Made Lists: Love, Death, Madness, and the Creation of Roget's Thesaurus* (El hombre que hizo listas: amor, muerte, locura y la creación del Tesauro de Roget). G. P. Putnam's Sons, Nueva York, 2008.

Rennison, Nick. *Peter Mark Roget: The Man Who Became a Book* (Peter Mark Roget: El hombre que se hizo libro). Pocket Essentials, Harpenden, 2007.

Roget, Peter Mark. *Thesaurus of English Words and Phrases, Classified and Arranged so as to Facilitate the Expression of Ideas and Assist in Literary Composition* (Tesoro de palabras y frases clasificadas y organizadas a fin de facilitar la expresión de ideas y asistir en la composición literaria). Longman, Brown, Green, and Longmans, Londres, 1852; Bloomsbury Books, Londres, 1992.

Roget, Peter Mark. *Animal and Vegetable Physiology Considered with Reference to Natural Theology* (Fisiología animal y vegetal, tomando en cuenta la teología natural). Vol. 1, *Bridgewater Treatise V*. William Pickering, Londres, 1834.

Karpeles Manuscript Library: rain.org/~karpeles/sb.html

La Real Sociedad: royalsociety.org

PARA LEER MÁS

Brown, Don. *Rare Treasure: Mary Anning and Her Remarkable Discoveries* (Extraño tesoro: Mary Anning y sus notables descubrimientos). Houghton Mifflin Harcourt, Boston, 2003.

Carpenter, Mary Wilson. *Health, Medicine, and Society in Victorian England* (Salud, medicina y sociedad en la Inglaterra victoriana). Praeger Publishing, Santa Bárbara, California, 2009.

Ferris, Jeri Chase. *Noah Webster and His Words* (Noah Webster y sus palabras). Houghton Mifflin Harcourt, Boston, 2012.

Huxley, Robert, ed. *Los grandes naturalistas*. Ariel, España, 2007.

McGinty, Alice B. *Darwin*. Houghton Mifflin Harcourt, Boston, 2009.

FUENTES

"El hombre no es absolutamente malvado...", Barrie, J. M., *Peter Pan*. Alfaguara Juvenil, México, 2013.

"En la vasta escala...", Roget, Peter Mark; *Animal and Vegetable Physiology Considered with Reference to Natural Theology*, Vol. 1, *Bridgewater Treatise V*. William Pickering, Londres, 1834.

"El uso del lenguaje...", Roget, Peter Mark, *Thesaurus of English Words and Phrases*, 1ª edición norteamericana autorizada. Grosset & Dunlap, Nueva York, 1933.

873. REPUTACIÓN

HONRAR
DIGNIFICAR
DEDICACIÓN}
FAMA PÓSTUMA

Para Melissa Sweet, amiga y extraordinaria:
559. Artista, pintor espontáneo, dibujante,
ilustrador, diseñador, grabador, maestro.

J. B.

Para Paul y Patty, mis filólogos favoritos.

M. S.

Una página del cuaderno
de trabajo original de Roget.

Existence

1

JEN BRYANT ha escrito numerosos libros para jóvenes y ha recibido varios galardones, como el premio de honor Charlotte Zolotow, el premio Schneider Family Book y el premio NCTE Orbis Pictus por libros de no ficción. Vive en Pensilvania, Estados Unidos. Visita su página: www.jenbryant.com

MELISSA SWEET ha ilustrado numerosos libros y ha ganado premios como Caldecott Honor Book, 2009, y Sibert Medal, 2012. Melissa vive en Maine, Estados Unidos. Visita su página: www.melissasweet.net

loqueleo

LA PALABRA EXACTA. ROGET Y SU TESAURO
Título original: *The Right Word: Roget and His Thesaurus*
D.R. © del texto: Jen Bryant, 2014
D.R. © de las ilustraciones: Melissa Sweet, 2014
Publicado en 2014 por Eerdmans Books for Young Readers, un sello de Wm. B. Eerdmans Publishing Co. Publicado en español bajo el permiso de Eerdmans Books for Young Readers, un sello de Wm. B. Eerdmans Publishing Co., 2016
D.R. © de la traducción: Roxanna Erdman, 2015

D.R. © Editorial Santillana, S.A. de C.V., 2016
     Av. Río Mixcoac 274, piso 4
     Col. Acacias, México, D.F., 03240

Primera edición: febrero de 2016

ISBN: 978-607-01-2988-9

Impreso en México

2 0 1 6

591.IMPRESIÓN

IMPRIMIR
METER A IMPRENTA
PUBLICAR

www.loqueleo.santillana.com

 SANTILLANA

Permiso otorgado por The Karpeles Manuscript Library Museums para reproducir la primera página del *Tesauro de Roget*.

Adaptación y retoque de imágenes al idioma español por Bruno Valasse. Fotografía, escaneado y balance de color por Rick Kyle / 5000K Inc.

Las ilustraciones fueron creadas con acuarela, *collage* y técnica mixta. La tipografía que se usó es Stymie.

TESORO DE PALABRAS Y FRASES CLASIFICADAS Y ORGANIZADAS

A FIN DE FACILITAR LA EXPRESIÓN DE IDEAS Y ASISTIR EN LA COMPOSICIÓN LITERARIA

POR PETER MARK ROGET

PLAN de CLASIFICACIÓN

CLASE	SECCIÓN	N°
I. RELACIONES ABSTRACTAS	1. EXISTENCIA	1-8
	2. RELACIONES	9-24
	3. CANTIDAD	25-57
	4. ORDEN	58-83
	5. NÚMERO	84-105
	6. TIEMPO	106-139
	7. CAMBIO	140-152
	8. CAUSALIDAD	153-179
II. ESPACIO	1. EN GENERAL	180-191
	2. DIMENSIONES	192-239
	3. FORMA	240-263
	4. MOVIMIENTO	264-315
III. MATERIA	1. EN GENERAL	316-320
	2. INORGÁNICA	321-356
	3. ORGÁNICA	357-499
IV. INTELECTO	1. FORMACIÓN DE IDEAS	450-515
	2. COMUNICACIÓN DE IDEAS	516-599
V. VOLUNTAD	1. INDIVIDUAL	600-736
	2. INTERSOCIAL	737-819
VI. AFECTOS	1. EN GENERAL	820-826
	2. PERSONALES	827-887
	3. EMPÁTICOS	888-921
	4. MORALES	922-975
	5. RELIGIOSOS	976-1000

Índice de categorías (1–503)

1. EXISTENCIA	2. INEXISTENCIA
3. SUSTANCIALIDAD	4. INSUSTANCIALIDAD
5. ESENCIALIDAD	6. EXTERNALIDAD
7. ESTADO	8. CIRCUNSTANCIA
9. RELACIÓN	10. INCONEXO
11. CONSANGUINIDAD	
12. RECIPROCIDAD	
13. IDENTIDAD	14. CONTRARIEDAD
	15. DIFERENCIA
16. UNIFORMIDAD	
17. SIMILITUD	18. DISIMILITUD
19. IMITACIÓN	20. VARIACIÓN
21. COPIA	22. PROTOTIPO
23. CONCORDANCIA	24. DISCREPANCIA
25. CANTIDAD	26. GRADO
27. IGUALDAD	28. DISPARIDAD
29. MEDIO	
30. COMPENSACIÓN	
31. GRANDEZA	32. PEQUEÑEZ
33. SUPERIORIDAD	34. INFERIORIDAD
35. INCREMENTO	36. DISMINUCIÓN
37. ADICIÓN	38. SUBDUCCIÓN
39. ADJUNTO	40. RESIDUO
41. MEZCLA	42. SENCILLEZ
43. INTERSECCIÓN	44. DISYUNTIVA
45. VÍNCULO	
46. COHERENCIA	47. INCOHERENCIA
48. COMBINACIÓN	49. DESCOMPOSICIÓN
50. ENTERO	51. PARTE
52. COMPLETITUD	53. INCOMPLETUD
54. COMPOSICIÓN	55. EXCLUSIÓN
56. COMPONENTE	57. SUPERFLUO
58. ORDEN	59. DESORDEN
60. DISPOSICIÓN	61. DESARREGLO
62. PRIORIDAD	63. SECUENCIA
64. PRECURSOR	65. SECUELA
66. COMIENZO	67. FINAL
68. INTERMEDIO	
69. CONTINUIDAD	70. DISCONTINUIDAD
71. TÉRMINO	
72. RECOPILACIÓN	73. DISPERSIÓN
74. CONCENTRAR	
75. CLASIFICAR	
76. CONCLUSIÓN	77. EXCLUSIÓN
78. GENERALIDAD	79. ESPECIALIDAD
80. NORMAL	81. POLIMORFISMO
82. CONFORMIDAD	83. INCONFORMIDAD
84. NÚMERO	
85. NUMERACIÓN	
86. LISTAR	
87. UNIDAD	88. ACOMPAÑAMIENTO
89. DUALIDAD	
90. DUPLICACIÓN	91. BISECCIÓN
92. TRIPARTITO	
93. TRIPLICACIÓN	94. TRISECCIÓN
95. CUATERNIDAD	
96. CUADRUPLICACIÓN	97. CUADRISECCIÓN
98. QUINTO, ETC.	99. QUINTO, ETC.
100. PLURALIDAD	101. CERO
102. MULTITUD	103. POQUEDAD
104. REPETICIÓN	
105. INFINITO	
106. DURACIÓN	107. JAMÁS
108. PERÍODO	109. CURSO
110. DIUTURNIDAD	111. TRANSITORIEDAD
112. PERPETUIDAD	113. INSTANTANEIDAD
114. CRONOMETRÍA	115. ANACRONISMO
116. PRIORIDAD	117. POSTERIORIDAD
118. TIEMPO PRESENTE	119. OTRO TIEMPO
120. SINCRONÍA	
121. PORVENIR	122. PRETERICIÓN
123. NOVEDAD	124. VEJEZ
125. MAÑANA	126. OCASO
127. JUVENTUD	128. MADURAR
129. INFANTE	130. VETERANO
131. ADOLESCENTE	132. TARDANZA
133. ANTICIPACIÓN	
134. OPORTUNIDAD	135. INTEMPESTIVO
136. FRECUENCIA	137. INFRECUENCIA
138. PERIODICIDAD	139. IRREGULARIDAD
140. CAMBIO	
141. CESE	142. PERMANENCIA
	143. CONTINUACIÓN
144. CONVERSIÓN	145. REVERSIÓN
146. REVOLUCIÓN	
147. SUSTITUCIÓN	148. INTERCAMBIO
149. MUTABILIDAD	150. INMUTABILIDAD
151. EVENTUALIDAD	152. DESTINO
153. CAUSA	154. EFECTO
155. ATRIBUCIÓN	156. CASUALIDAD
157. PODER	158. IMPOTENCIA
159. FORTALEZA	160. DEBILIDAD
161. PRODUCCIÓN	162. DESTRUCCIÓN
163. REPRODUCCIÓN	
164. PRODUCTOR	165. DESTRUCTOR
166. PATERNIDAD	167. POSTERIDAD
168. PRODUCTIVIDAD	169. IMPRODUCTIVIDAD
170. AGENCIA	
171. ENERGÍA	172. INERCIA
173. VIOLENCIA	174. MODERACIÓN
175. INFLUENCIA	
176. TENDENCIA	177. OBLIGACIÓN
178. CONCURRENCIA	179. OPOSICIÓN
180. ESPACIO	181. REGIÓN
	182. LUGAR
183. SITUACIÓN	185. DESPLAZAMIENTO
184. UBICACIÓN	187. AUSENCIA
186. PRESENCIA	189. RESIDENCIA
188. RESIDENTE	191. RECEPTÁCULO
190. CONTENIDO	
192. TAMAÑO	194. PEQUEÑEZ
193. EXPANSIÓN	196. CONTRACCIÓN
195. DISTANCIA	197. CERCANÍA
198. INTERVALO	199. CONTIGÜIDAD
200. LONGITUD	201. ESCASEZ
	203. ESTRECHEZ
	205. FILAMENTO
204. CAPA	
206. ALTURA	207. PROFUNDIDAD
208. PROFUNDIDAD	209. SUPERFICIALIDAD
210. CÚSPIDE	211. BASE
212. VERTICALIDAD	213. HORIZONTALIDAD
214. PENDIENTE	215. SOPORTE
216. PARALELISMO	217. OBLICUIDAD
218. INVERSIÓN	219. CRUCE
220. EXTERIORIZACIÓN	221. INTERIORIDAD
222. CUBIERTA	223. CENTRALIDAD
	224. RECUBRIMIENTO
225. INVESTIDURA	226. DESPOSEIMIENTO
227. CIRCUNSTANTE	228. INTERMEDIACIÓN
229. CONTORNO	
230. BORDE	
231. CIRCUNSCRIPCIÓN	
233. CERCAMIENTO	
234. LÍMITE	235. TRASERO
234. FRENTE	
236. LATERALIDAD	237. ANTEPOSICIÓN
238. DESTREZA	239. SINIESTRALIDAD
240. FORMA	24. AMORFISMO
242. SIMETRÍA	243. DISTORSIÓN
244. ANGULOSIDAD	
245. CURVATURA	246. RECTITUD
247. CIRCULARIDAD	248. CIRCONVOLUCIÓN
249. ROTUNDIDAD	
250. CONVEXIDAD	251. LLANURA
	252. CONCAVIDAD
253. NITIDEZ	254. ASPEREZA
255. TERSURA	256. RUGOSIDAD
257. MUESCA	
258. DOBLEZ	
259. RANURA	
260. ABERTURA	261. CIERRE
262. PERFORADOR	263. TAPÓN
264. MOVIMIENTO	265. QUIESCENCIA
266. TRAVESÍA	267. NAVEGACIÓN
268. VIAJERO	269. MARINERO
270. TRANSFERENCIA	
271. TRANSPORTE	
272. VEHÍCULO	273. NAVE
274. VELOCIDAD	275. LENTITUD
276. IMPULSO	277. RECULAR
278. DIRECCIÓN	279. DESVIACIÓN
280. PRECISIÓN	281. SECUENCIA
282. PROGRESIÓN	283. REGRESIÓN
284. PROPULSIÓN	285. TRACCIÓN
286. RECESIÓN	287. APROXIMACIÓN
288. REPULSIÓN	289. ATRACCIÓN
290. DIVERGENCIA	291. CONVERGENCIA
292. DESVIACIÓN	293. LLEGADA
294. EGRESO	295. INGRESO
296. EXPULSIÓN	297. RECEPCIÓN
298. EXCRECIÓN	299. ALIMENTO
300. EXCRECIÓN	301. INSERCIÓN
302. PASAJE	
303. TRANSCURSO	304. DEFICIENCIA
305. ASCENSIÓN	306. DESCENSO
307. ELEVACIÓN	308. DEPRESIÓN
309. SALTO	310. CAÍDA
311. CIRCUNVOLUCIÓN	
312. ROTACIÓN	313. EVOLUCIÓN
314. OSCILACIÓN	
315. AGITACIÓN	
316. MATERIALIDAD	317. INMATERIALIDAD
318. MUNDO	
319. GRAVEDAD	320. LEVEDAD
321. DENSIDAD	322. RAREZA
323. DUREZA	324. SUAVIDAD
325. ELASTICIDAD	326. INELASTICIDAD
327. TENACIDAD	328. FRAGILIDAD
329. TEXTURA	
330. POLVORIENTO	
331. FRICCIÓN	332. LUBRICACIÓN
333. LIQUIDEZ	334. GASEOSO
335. LICUEFACCIÓN	336. VAPORIZACIÓN
337. AGUA	338. ACEITE
339. HUMEDAD	340. SEQUEDAD
341. OCÉANO	342. TIERRA
343. LAGO	344. PLANICIE
345. CIÉNAGA	346. ISLA
347. ARROYO	
348. RÍO	349. VIENTO
350. ACUEDUCTO	351. TUBERÍA
352. SEMILÍQUIDO	353. BURBUJA
354. PULPOSO	355. UNTUOSIDAD
	356. ACEITE
357. ORGANIZACIÓN	358. DESORGANIZACIÓN
359. VIDA	360. MUERTE
	361. MATANZA
	362. CADÁVER
	363. ENTIERRO
364. ANIMALIDAD	365. VEGETACIÓN
366. ANIMAL	367. PLANTA
368. ZOOLOGÍA	369. BOTÁNICA
370. DOMESTICACIÓN	371. AGRICULTURA
372. HUMANIDAD	
373. HOMBRE	374. MUJER
375. SENSIBILIDAD	376. INSENSIBILIDAD
377. PLACER	378. DOLOR
379. TACTO	
380. PERCEPCIONES DEL TACTO	381. ENTUMECIMIENTO
382. CALOR	383. FRÍO
384. CALEFACCIÓN	385. ENFRIAMIENTO
386. CALDERA	387. ENFRIADOR
388. COMBUSTIBLE	
389. TERMÓMETRO	
390. GUSTO	391. INSIPIDEZ
392. ACRITUD	
393. CONDIMENTO	
394. SABROSURA	395. DESABRIMIENTO
396. DULZURA	397. ACIDEZ
398. OLOR	399. INODORO
400. FRAGANCIA	401. HEDOR
402. SONIDO	403. SILENCIO
404. RUIDOSO	405. DESFALLECIMIENTO
406. CHASQUIDO	407. VAIVÉN
408. RESONANCIA	409. ASIBILACIÓN
410. ESTRIDOR	
411. LLANTO	412. ULULAR
413. ARMONÍA	414. DISCORDAR
415. MÚSICA	
416. MÚSICO	
417. INSTRUMENTOS MUSICALES	
418. OÍDO	419. SORDERA
420. LUZ	421. OSCURIDAD
	422. PENUMBRA
423. LUMINARIA	424. SOMBRA
425. TRANSPARENCIA	426. OPACIDAD
	427. SEMITRANSPARENCIA
428. COLOR	429. ACROMATISMO
430. BLANCURA	431. NEGRURA
432. GRIS	433. CAFÉ
434. ROJEZ	435. VERDOSO
436. AMARILLENTO	437. MORADO
438. AZULADO	439. NARANJA
440. ABIGARRAMIENTO	
441. VISIÓN	442. CEGUERA
	443. VISIÓN DISMINUIDA
444. ESPECTADOR	
445. INSTRUMENTOS ÓPTICOS	
446. VISIBILIDAD	447. INVISIBILIDAD
448. APARIENCIA	449. DESAPARICIÓN
450. INTELECTO	450a. AUSENCIA DE INTELECTO
451. PENSAMIENTO	452. IRRACIONALIDAD
453. IDEA	454. TÓPICO
455. CURIOSIDAD	456. INDIFERENCIA
457. ATENCIÓN	458. DESATENCIÓN
459. CUIDADO	460. NEGLIGENCIA
461. INDAGACIÓN	462. RESPUESTA
463. EXPERIMENTO	464. COMPARACIÓN
465. DISCRIMINACIÓN	465a. INDISCRIMINAR
466. MEDICIÓN	
467. EVIDENCIA	468. CONTRA EVIDENCIA
	469. CUALIFICACIÓN
470. POSIBILIDAD	471. IMPOSIBILIDAD
472. PROBABILIDAD	473. IMPROBABILIDAD
474. CERTEZA	475. INCERTIDUMBRE
476. RAZONAMIENTO	477. SOFISTERÍA
478. DEMOSTRACIÓN	479. REFUTACIÓN
480. JUICIO	481. JUICIO ERRÓNEO
482. SOBREESTIMACIÓN	483. DEPRECIACIÓN
484. CREENCIA	485. DUDA
486. CREDULIDAD	487. INCREDULIDAD
488. CONSENTIMIENTO	489. DISENSO
490. CONOCIMIENTO	491. IGNORANCIA
492. ERUDITO	493. IGNORANTE
494. VERDAD	495. ERROR
496. MÁXIMA	497. ABSURDO
498. SABIDURÍA	499. DISPARATE
500. SABIO	501. TONTO
502. SANIDAD	503. LOCURA

05. MEMORIA
07. EXPECTACIÓN
0. PREMONICIÓN
1. PREDICCIÓN
4. AUGURIO
3. ORÁCULO
14. SUPOSICIÓN
16. IMAGINACIÓN
16. SIGNIFICADO
18. INTELIGIBILIDAD
20. AMBIGÜEDAD
21. METÁFORA
22. INTERPRETACIÓN
24. INTÉRPRETE
25. MANIFESTACIÓN
27. INFORMACIÓN
29. REVELACIÓN
31. PUBLICACIÓN
32. NOTICIAS
34. MENSAJERO
35. AFIRMACIÓN
37. ENSEÑANZA
40. MAESTRO
42. ESCUELA

43. VERACIDAD
47. ENGAÑAR
50. INDICACIÓN
51. GRABAR
52. GRABADORA
54. REPRESENTACIÓN
56. PINTURA
57. ESCULTURA
58. GRABADO
59. ARTISTA
60. LENGUAJE
61. LETRA
62. PALABRA
64. NOMENCLATURA
66. FRASE
67. GRAMÁTICA
69. ESTILO
70. PERSPICUIDAD
72. CONCISIÓN
74. VIGOR
76. SENCILLEZ
78. ELEGANCIA
80. Y OE
82. DISCURSO
84. LOCUACIDAD
86. ALOCUCIÓN
88. INTERLOCUCIÓN
90. ESCRITURA
92. CORRESPONDENCIA
94. DESCRIPCIÓN
95. DISERTACIÓN
96. COMPENDIO
97. POESÍA
99. DRAMA
00. VOLUNTAD
02. DISPOSICIÓN
04. RESOLUCIÓN
06. OBSTINACIÓN
09. ELECCIÓN
11. PREDETERMINACIÓN
13. HÁBITO
15. MOTIVO
17. SÚPLICA
18. BIEN
20. INTENCIÓN
22. DESARROLLO
25. NEGOCIO
26. PLAN
27. MÉTODO
28. MEDIO CURSO
30. REQUERIMIENTO
31. INSTRUMENTALIZAR
32. RECURSOS
33. INSTRUMENTO
34. SUSTITUTO
35. MATERIALES

504. LOCO
506. OLVIDO
508. SIN EXPECTACIÓN
509. DESENCANTO
517. INSIGNIFICANTE
519. ININTELIGIBILIDAD
523. MALINTERPRETACIÓN
526. LATENCIA
529. OCULTAMIENTO
530. EMBOSCADA
533. SECRETO
536. NEGACIÓN
538. DESINFORMAR
539. APRENDIZAJE
541. APRENDIZ
544. FALSEDAD
545. DECEPCIÓN
546. MENTIRA
548. EMBAUCADOR
549. EXAGERACIÓN
552. OBLITERACIÓN
555. TERGIVERSACIÓN
563. NEOLOGISMO
565. APODO
568. SOLECISMO
571. OSCURIDAD
573. PROLIJIDAD
575. DEBILIDAD
577. ORNAMENTAR
579. INELEGANCIA
581. AFONÍA
582. TARTAMUDEO
585. TACITURNIDAD
587. RESPUESTA
589. SOLILOQUIO
591. IMPRESIÓN
593. LIBRO
598. PROSA
601. NECESIDAD
603. NEGATIVA
605. IRRESOLUCIÓN
607. TERGIVERSACIÓN
608. CAPRICHO
610. RECHAZO
612. IMPULSO
614. DESUSO
616. DISUASIÓN
619. FUNESTO
621. CHANCE
623. ABSTINENCIA
624. RENUNCIA
629. CIRCUITO

636. TIENDA
637. PROVISIÓN
639. SUFICIENCIA
641. REDUNDANCIA
642. IMPORTANCIA
644. UTILIDAD
646. PERTINENCIA
648. BIEN
650. PERFECCIÓN
652. LIMPIEZA
654. SALUD
656. SALUBRIDAD
658. MEJORA
660. RESTAURACIÓN
662. REMEDIO
664. SEGURIDAD
666. REFUGIO
668. ADVERTENCIA
669. ALARMA
670. PRESERVACIÓN
671. ESCAPE
672. LIBERACIÓN
673. PREPARACIÓN
675. ENSAYO
676. PROYECTO
677. USO
680. ACCIÓN
682. ACTIVIDAD
684. APURO
686. EXTENUACIÓN
688. FATIGA
690. AGENTE
691. TALLER
692. CONDUCIR
693. DIRECCIÓN
694. DIRECTOR
695. ASESORÍA
696. CONSEJO
697. PRECEPTO
698. HABILIDAD
700. COMPETENTE
702. ASTUTO
704. OBSTÁCULO
706. ESTORBO
708. OPOSICIÓN
710. OPONENTE
712. PARTIDO
713. DISCORDANCIA
715. RESISTENCIA
716. ATAQUE
718. REPRESALIA
720. CONTENCIÓN
722. CONTIENDA
724. MEDIACIÓN
725. SOMETIMIENTO
726. COMBATIENTE
727. ARMAS
728. ARENA
729. CULMINACIÓN
731. ÉXITO
733. TROFEO
734. PROSPERIDAD
736. MEDIOCRIDAD
737. AUTORIDAD
739. SEVERIDAD
741. MANDO
742. DESOBEDIENCIA
744. COMPULSIÓN
745. DOMINAR
747. CETRO
748. LIBERTAD
750. LIBERACIÓN
753. GUARDIÁN
755. COMISIÓN
758. DESTINATARIO
759. SUPLENTE
760. PERMISO
762. CONSENSO
763. OFRECIMIENTO
765. SOLICITUD
767. PETICIONARIO
768. PROMESA
769. CONTRATO
770. CONDICIONES
771. SEGURIDAD
772. OBSERVANCIA
774. COMPROMISO
775. ADQUISICIÓN
777. POSESIÓN
779. POSEEDOR
780. PROPIEDAD
781. RETENCIÓN
783. TRANSFERENCIA
784. PROPORCIONAR
786. REPARTO
787. PRÉSTAMO

638. DESPERDICIO
640. INSUFICIENCIA
643. INSIGNIFICANCIA
645. INUTILIDAD
647. INCONVENIENCIA
649. MALDAD
651. IMPERFECCIÓN
653. DESASEADO
655. ENFERMEDAD
657. INSALUBRIDAD
659. DETERIORO
661. RECAÍDA
663. PERDICIÓN
665. PELIGRO
667. ESCOLLO
674. IMPREPARACIÓN
678. DESUSO
679. ABUSO
681. INACCIÓN
683. INACTIVIDAD
685. OCIO
687. REPOSO
689. REFRIGERIO
699. INEPTO
701. CHAPUCERO
703. TORPEZA
705. FACILIDAD
707. AYUDA
709. COOPERACIÓN
711. AUXILIAR
714. CONCORDAR
717. DEFENSA
719. RESISTENCIA
721. PAZ
723. PACIFICACIÓN
730. INCOMPLETUD
732. FALLA
735. ADVERSIDAD
738. LAXITUD
740. LENIDAD
743. OBEDIENCIA
746. SIRVIENTE
749. SUJECIÓN
751. RESTRICCIÓN
752. PRISIÓN
754. PRISIONERO
756. ABROGACIÓN
757. DIMISIÓN
761. PROHIBICIÓN
764. RECHAZO
766. DESPRECIO
768a. DISPENSAR
773. INOBSERVANCIA
776. PÉRDIDA
778. PARTICIPACIÓN
782. RENUNCIA
785. RECEPCIÓN
788. APROPIACIÓN

789. TOMAR
791. ROBAR
792. LADRÓN
793. BOTÍN
794. TROCAR
795. COMPRAR
797. MERCADER
798. MERCANCÍA
799. MERCADO
800. DINERO
801. TESORERO
802. TESORO
803. RIQUEZA
805. CRÉDITO
807. PAGO
809. DESEMBOLSO
811. CUENTAS
812. PRECIO
814. CARO
816. LIBERALIDAD
818. PRODIGALIDAD
820. AFECTO
821. SENTIMIENTO
822. SENSIBILIDAD
824. EXCITACIÓN
825. EXCITABILIDAD
827. PLACER
829. PLACENTERO
831. SATISFECHO
834. ALIVIO
836. ALEGRÍA
838. REGOCIJO
840. DIVERSIÓN
842. INGENIO
844. HUMORISTA
845. BELLEZA
847. ADORNO
850. GUSTO
852. MODA
858. ESPERANZA
861. VALENTÍA
863. IMPETUOSIDAD
865. DESEO
870. MARAVILLA
872. PRODIGIO
873. PRESTIGIOSO
875. NOBLEZA
877. TÍTULO
878. ORGULLO
880. VANIDAD
882. OSTENTACIÓN
883. CELEBRACIÓN
884. JACTANCIA
885. INSOLENCIA
887. FANFARRÓN
888. AMISTAD
890. AMIGO
892. SOCIABILIDAD
894. CORTESÍA
897. FELICITACIÓN
897. AMOR
899. FAVORITO
900. RESENTIMIENTO
901. IRASCIBILIDAD
902. CARIÑO
903. MATRIMONIO
906. BENEVOLENCIA
910. FILANTROPÍA
912. BENEFACTOR
914. PIEDAD
916. CONDOLENCIA
918. PERDÓN
922. CORRECTO
924. DEBER
926. OBLIGACIÓN
928. RESPETO
931. APROBACIÓN

790. RESTITUCIÓN
796. VENTA
804. POBREZA
806. DEUDA
808. IMPAGO
810. RECIBO
813. DESCUENTO
815. BARATURA
817. ECONOMÍA
819. PARSIMONIA
823. INSENSIBILIDAD
826. NO ESTIMULACIÓN
828. DOLOR
830. DOLOROSO
832. DESCONTENTO
833. LAMENTO
835. AGRAVACIÓN
837. ABATIMIENTO
839. LAMENTACIÓN
841. CANSANCIO
843. INSULSEZ
846. FEALDAD
848. MANCHA
849. SIMPLEZA
851. VULGARIDAD
853. RIDICULEZ
854. PRESUMIDO
855. AFECTACIÓN
856. RIDÍCULO
857. HAZMERREÍR
859. DESESPERACIÓN
860. MIEDO
862. COBARDÍA
864. PRUDENCIA
866. INDIFERENCIA
867. DESAGRADO
868. INCORDIO
869. SACIEDAD
871. EXPECTACIÓN
874. DESPRESTIGIO
876. COMUNIDAD
879. HUMILDAD
881. MODESTIA
886. SERVILISMO
889. ENEMISTAD
891. ENEMIGO
893. RECLUSIÓN
895. DESCORTESÍA
898. ODIO
904. CELIBATO
905. DIVORCIO
907. MALEVOLENCIA
908. MALDICIÓN
909. AMENAZA
911. MISANTROPÍA
913. MALHECHOR
917. INGRATITUD
919. VENGANZA
920. CELOS
921. ENVIDIA
924. EQUIVOCADO
925. INDEBIDO
927. EXENCIÓN
929. IRRESPETO
930. DESDÉN
932. DESAPROPIACIÓN

933. ADULACIÓN
935. ADULADOR
937. VINDICACIÓN
939. PROBIDAD
942. DESINTERESADO
944. VIRTUD
946. INOCENCIA
948. SANTIDAD
950. PENITENCIA
952. EXPIACIÓN
953. TEMPLANZA
955. ASCETISMO
956. AYUNO
958. SOBRIEDAD
960. CASTIDAD
963. LEGALIDAD
965. JURISPRUDENCIA
966. TRIBUNAL
967. JUEZ
968. ABOGADO
969. LITIGIO
970. ABSOLUCIÓN
973. RECOMPENSA
976. DEIDAD
977. ÁNGEL
979. JÚPITER
981. CIELO
983. TEOLOGÍA
985. REVELACIÓN
987. PIEDAD
990. ADORACIÓN
995. ECLESIAL
996. CLERO
998. RITO
999. CANÓNIGOS
1000. TEMPLO

934. DETRACCIÓN
936. DETRACTOR
938. ACUSACIÓN
940. IMPROBIDAD
941. TRUHÁN
943. EGOÍSMO
945. VICIO
947. CULPA
949. PECADOR
951. IMPENITENTE
954. INTEMPERANCIA
957. GLOTONERÍA
959. EBRIEDAD
961. IMPUREZA
962. LIBERTINO
964. ILEGALIDAD
971. CONDENACIÓN
972. CASTIGO
974. PENALIDAD
975. FLAGELO
978. SATÁN
980. DEMONIO
982. INFIERNO
984. HETERODOXIA
986. PSEUDORREVELACIÓN
988. PROFANO
989. IMPIEDAD
991. IDOLATRÍA
992. BRUJERÍA
993. HECHIZO
994. BRUJO
997. LAICOS

EL FIN
CIERRE
FINIS

Esta obra se terminó de imprimir en julio de 2016
en los talleres de Editorial Impresora Apolo, S.A. de C.V.
Centeno 150-6, Col. Granjas Esmeralda,
C.P. 09810, México, D.F.